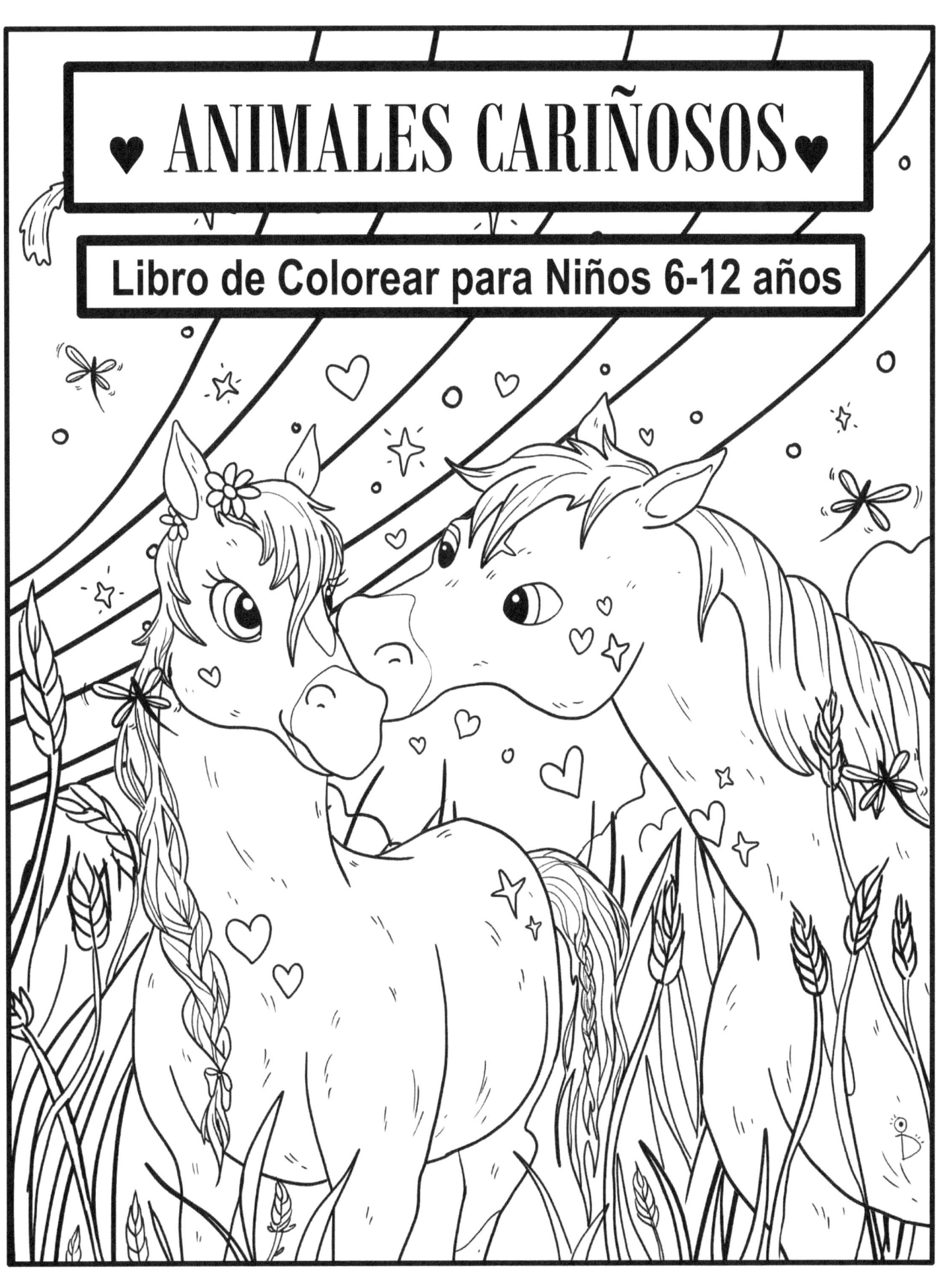

Publicado en 2020 por Leah & Danna Brown y Little Book Press

Recibe regalos gratis de nuestros dibujos en tu email
leahdannabrown@gmail.com

facebook.com/LeahAndDannaBrown

© Leah & Danna Brown y Little Book Press 2020

All Images Copyright © 2020 by Leah & Danna Brown and Little Book Press

Reservados todos los derechos. No se permite la reproducción total o parcial de esta obra, ni su incorporación a un sistema informático, ni su transmisión en cualquier forma o por cualquier medio (electrónico, mecánico, fotocopia, grabación u otros) sin autorización previa y por escrito de los titulares del copyright. La infracción de dichos derechos puede constituir un delito contra la propiedad intelectual..

Si deseas remover o recortar las paginas, pidele a un adulto que la corte cuidadosamente con un bisturí y una regla..

♡ ❀ ♡ ❀ ♡

En *Animales Cariñosos, libro de colorear para niños 6-12 años* hasta un adulto también se puede divertir!

Pasa momentos muy felices donde encontramos la dulzura de:

caballos, pájaros, elefantes, búhos, gatos, perros y más animales que nos muestran la alegría de la amistad, el amor y la ternura.

Encontrarás dibujos de animales amorosos, y luego encontrarás un dibujo adicional con un hermoso mensaje sobre lo valioso que es el amor, para que puedas probar cómo colorear o compartir con un amigo.

Disfruta!

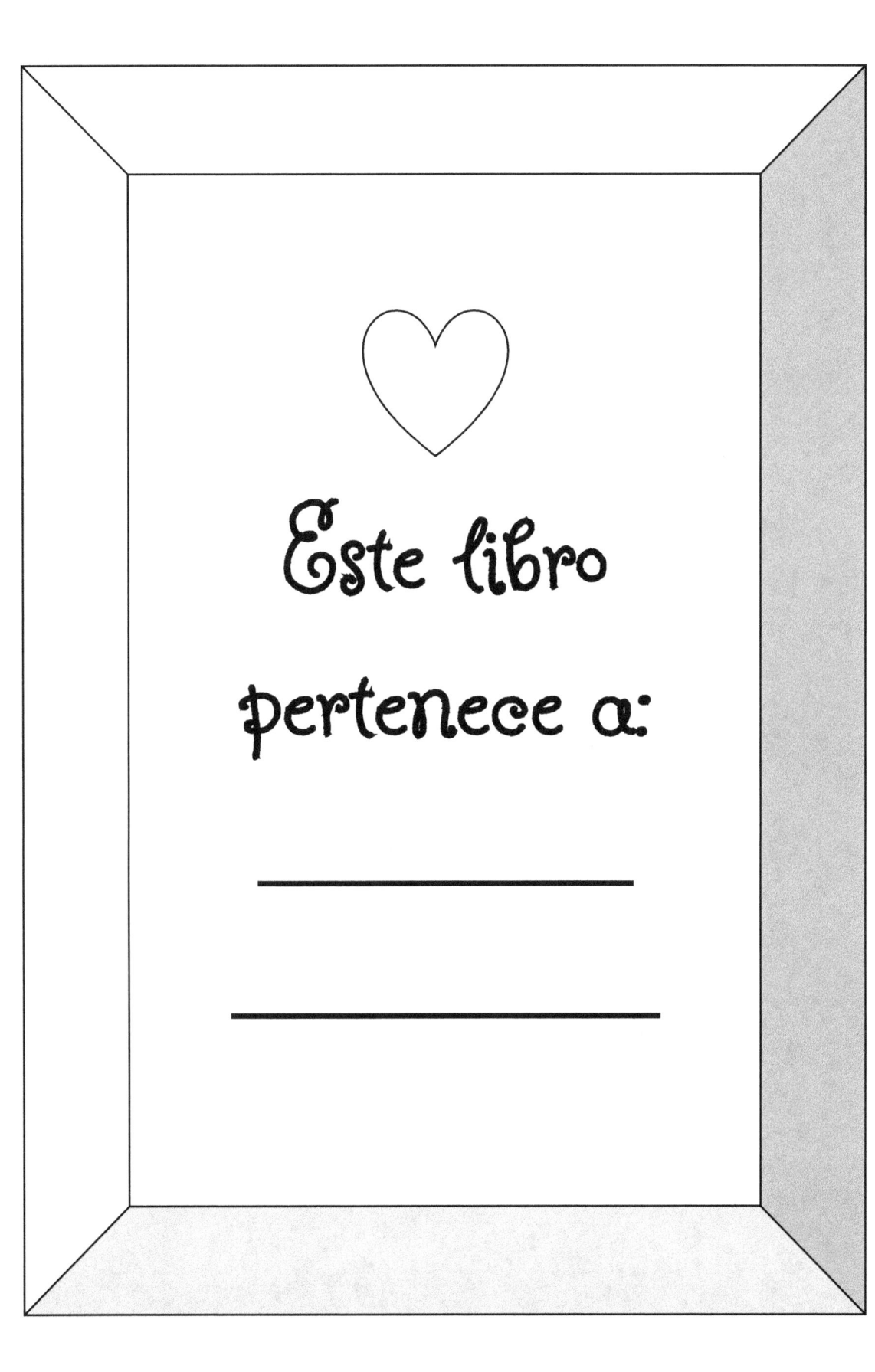

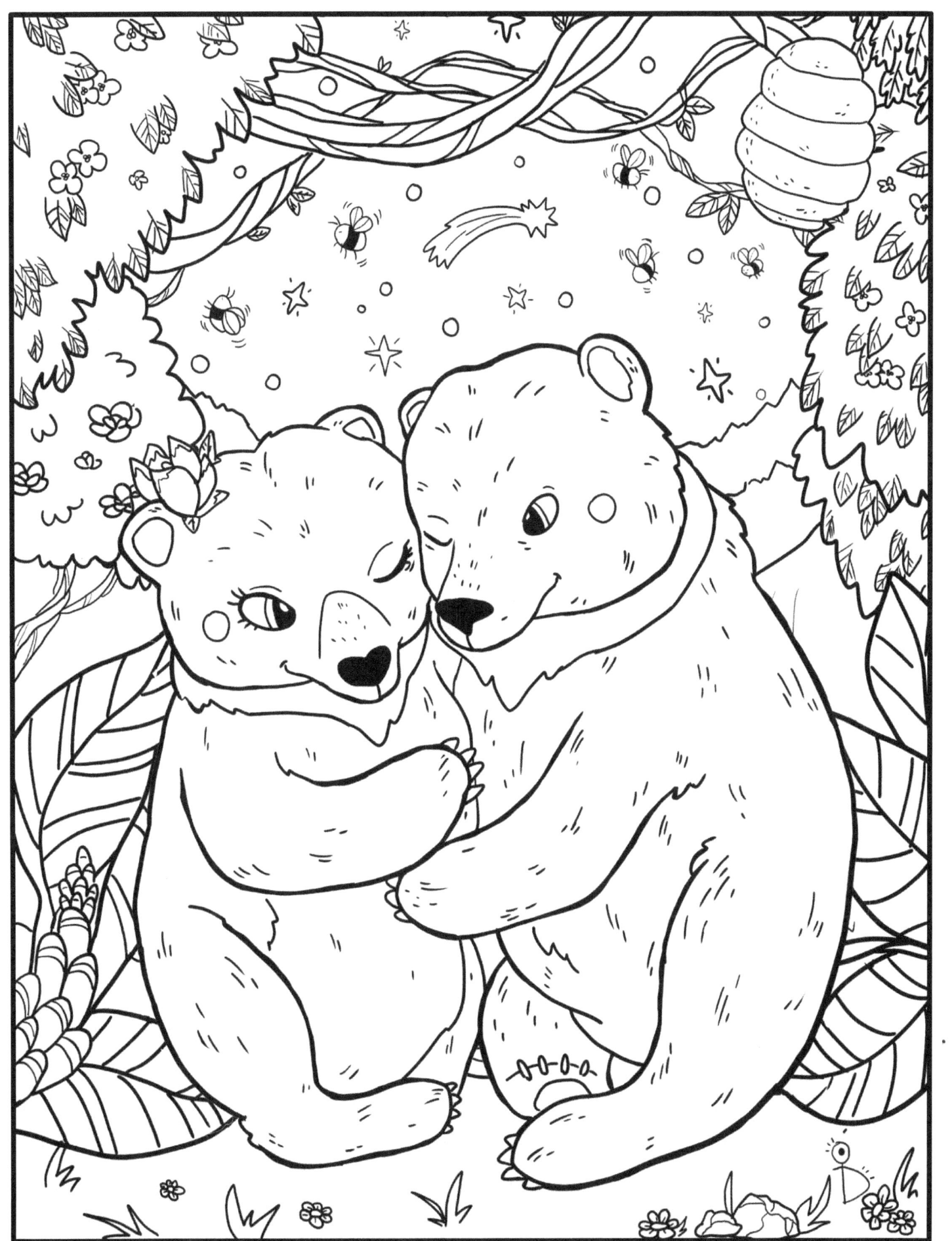

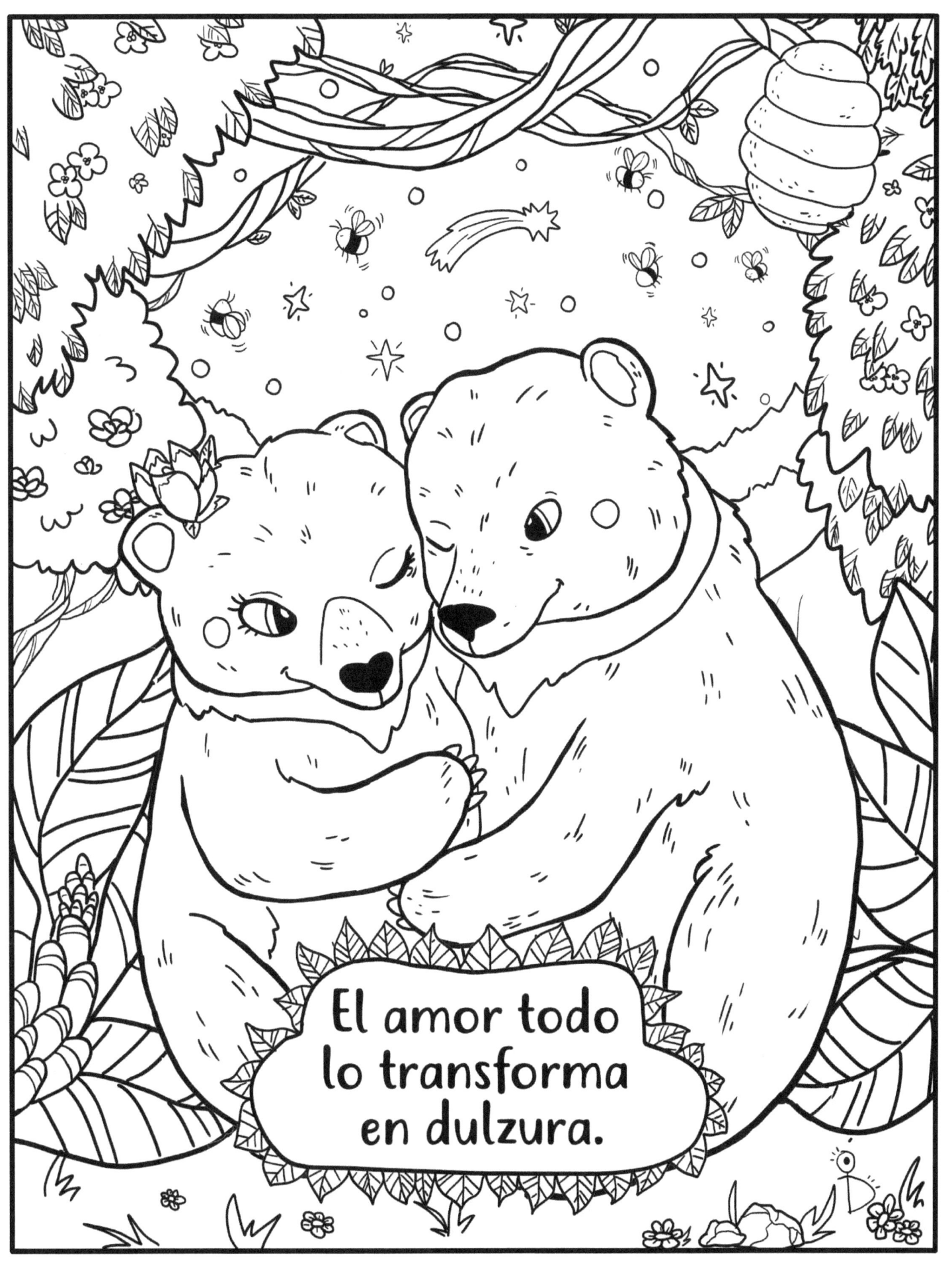

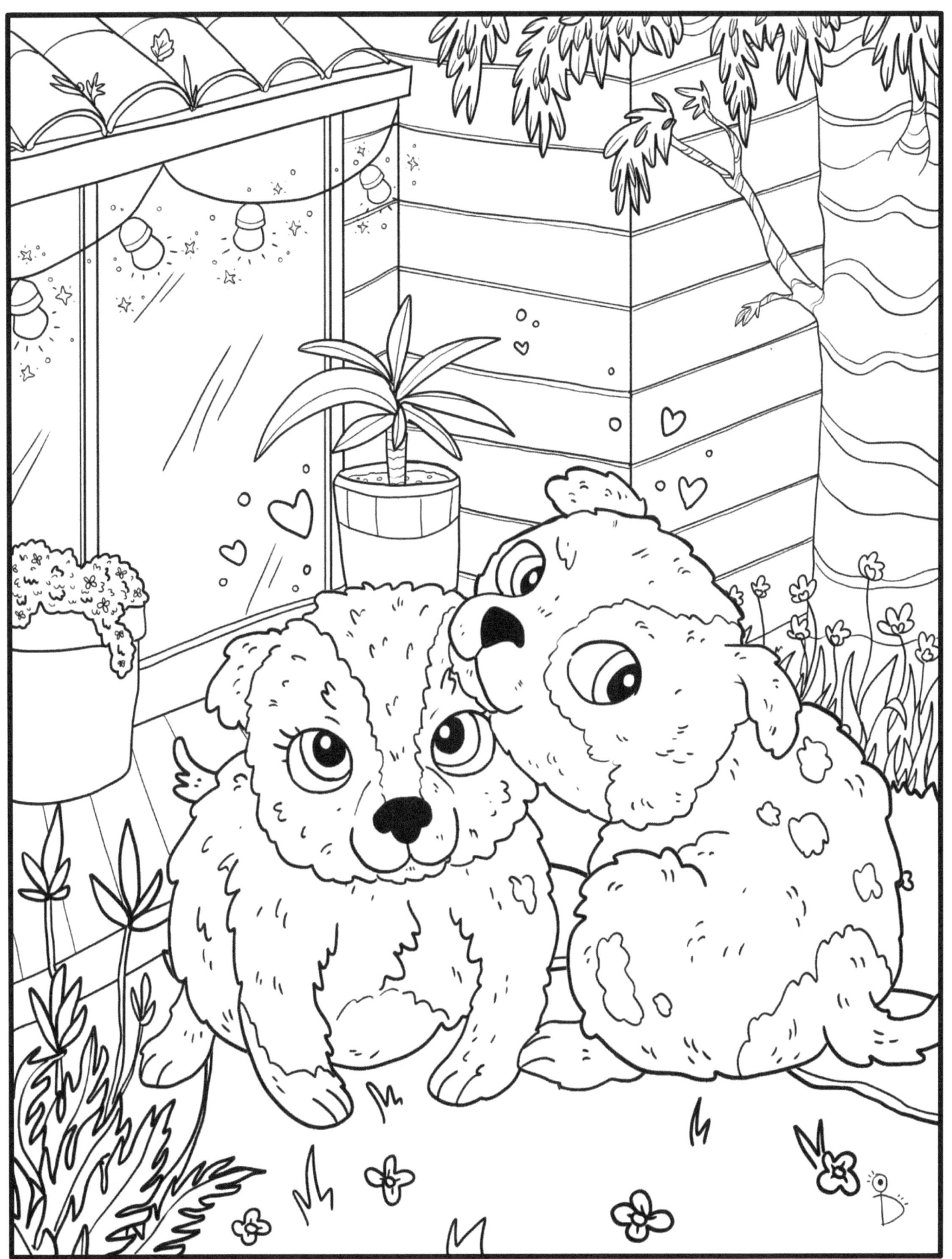

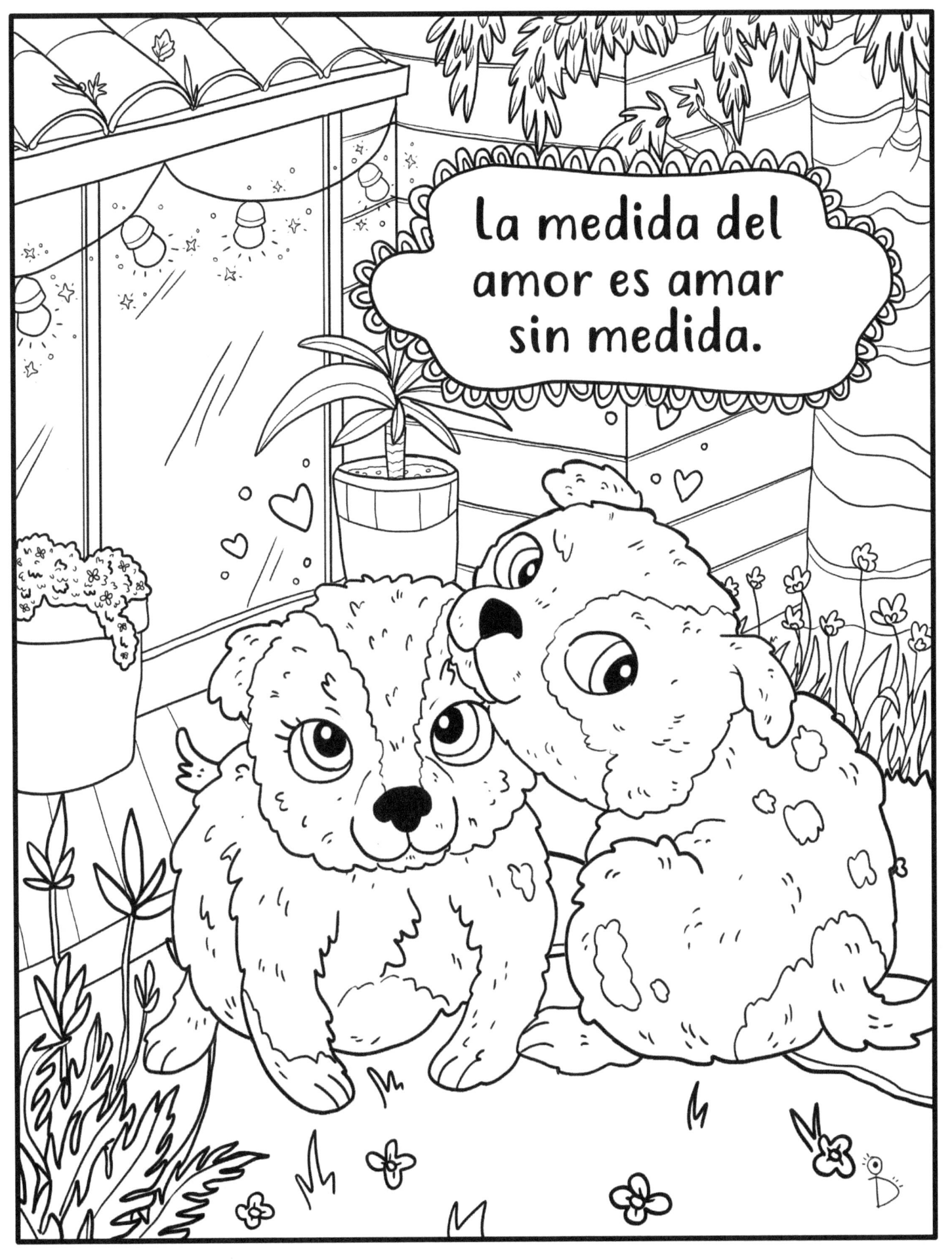

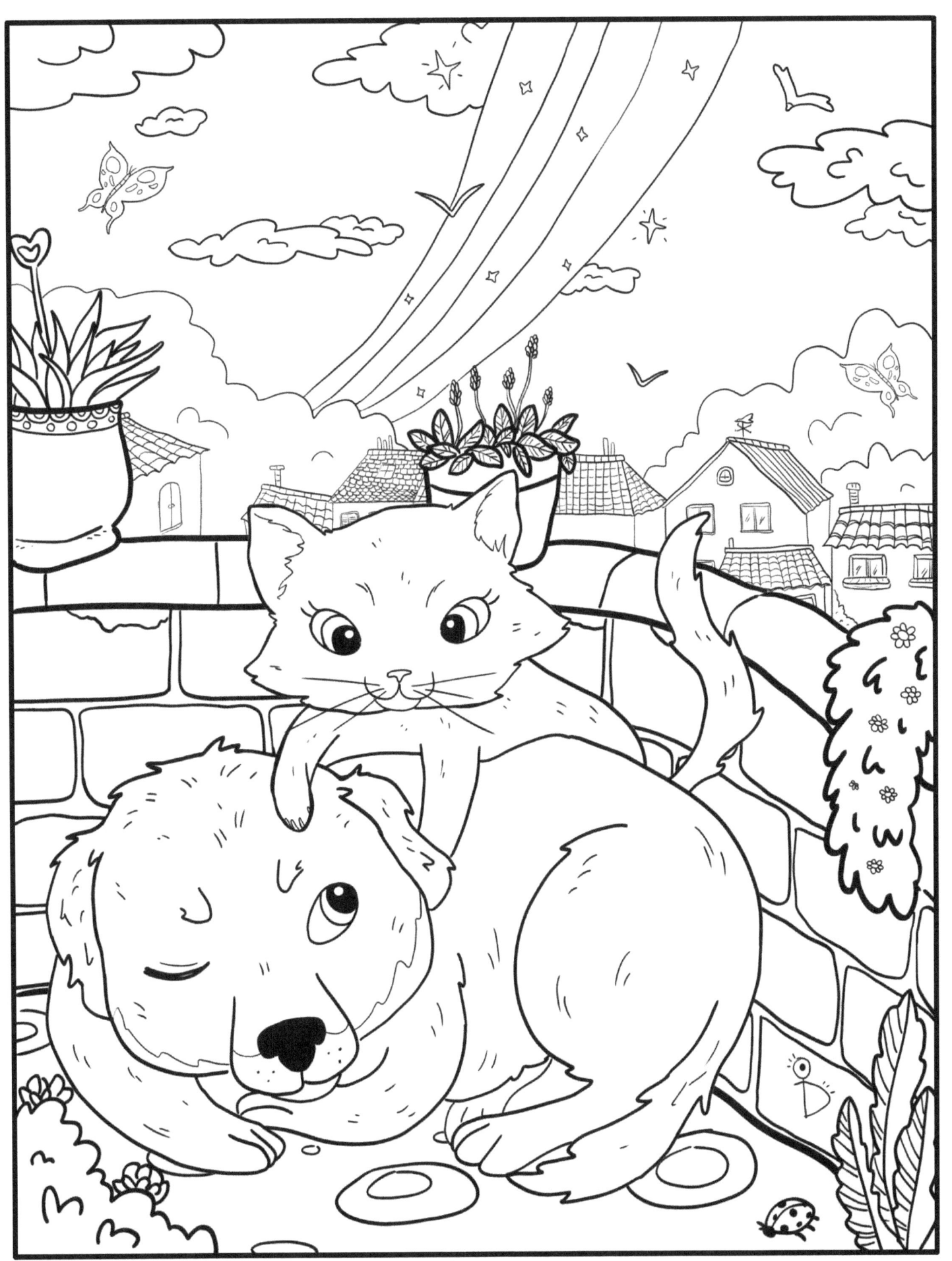

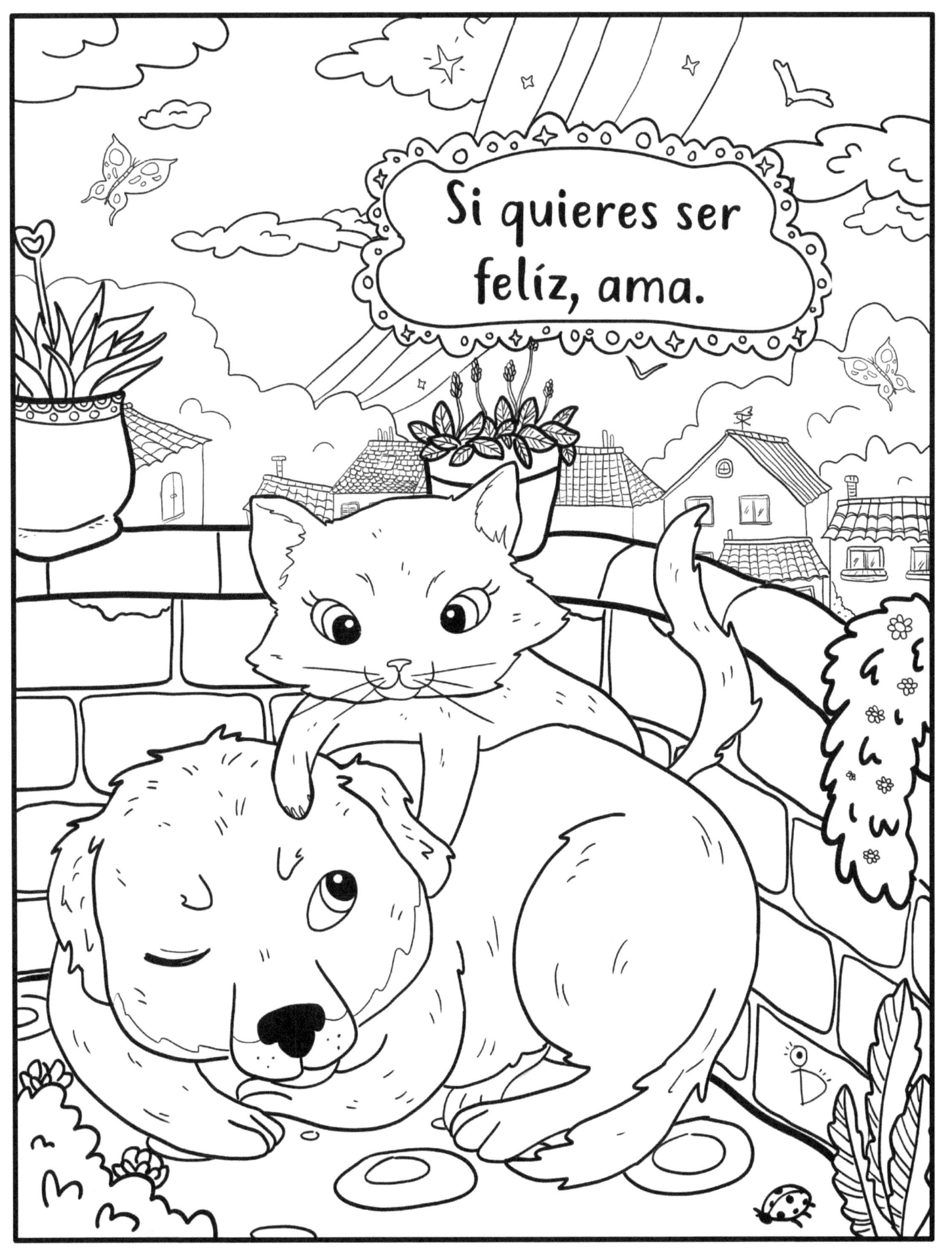

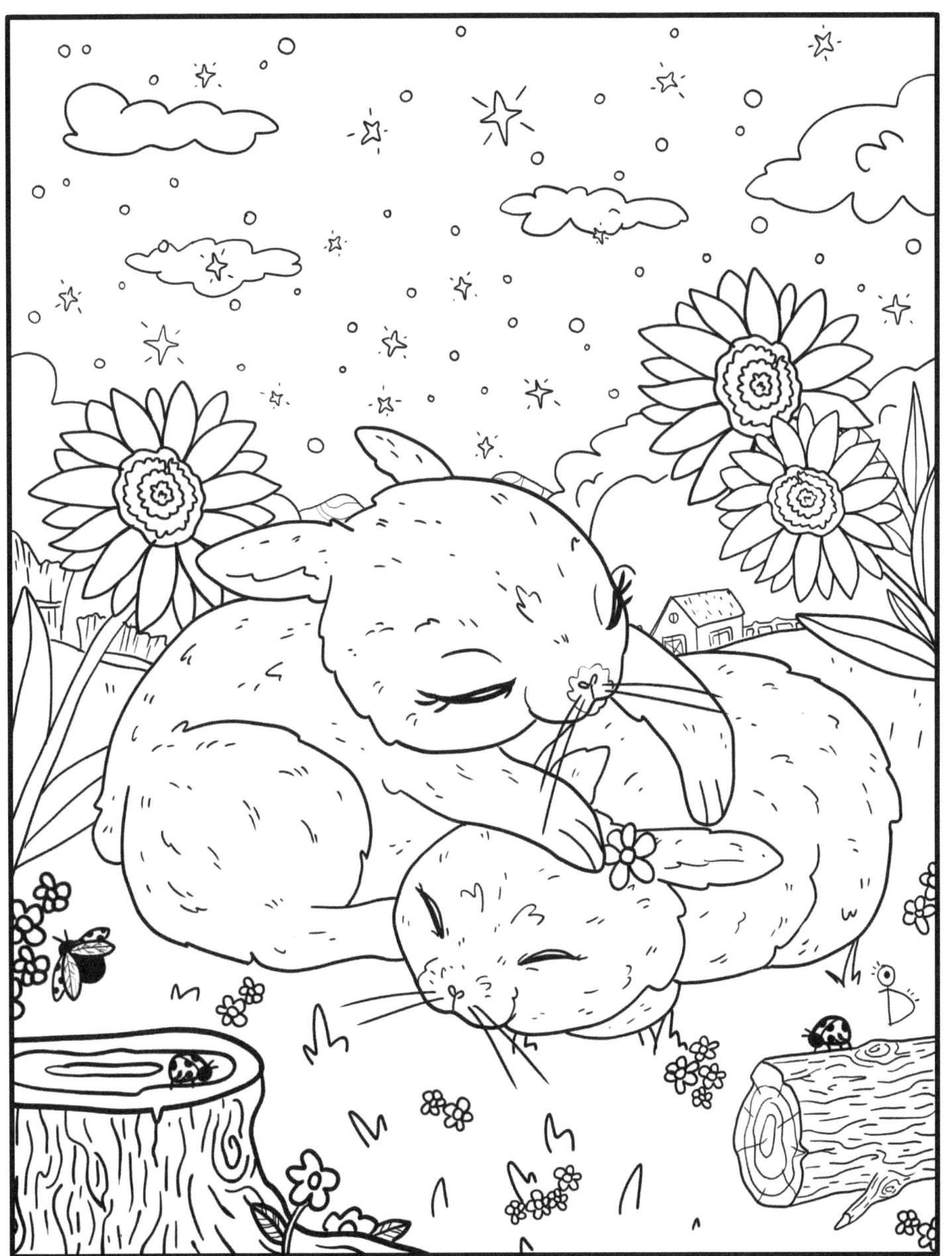

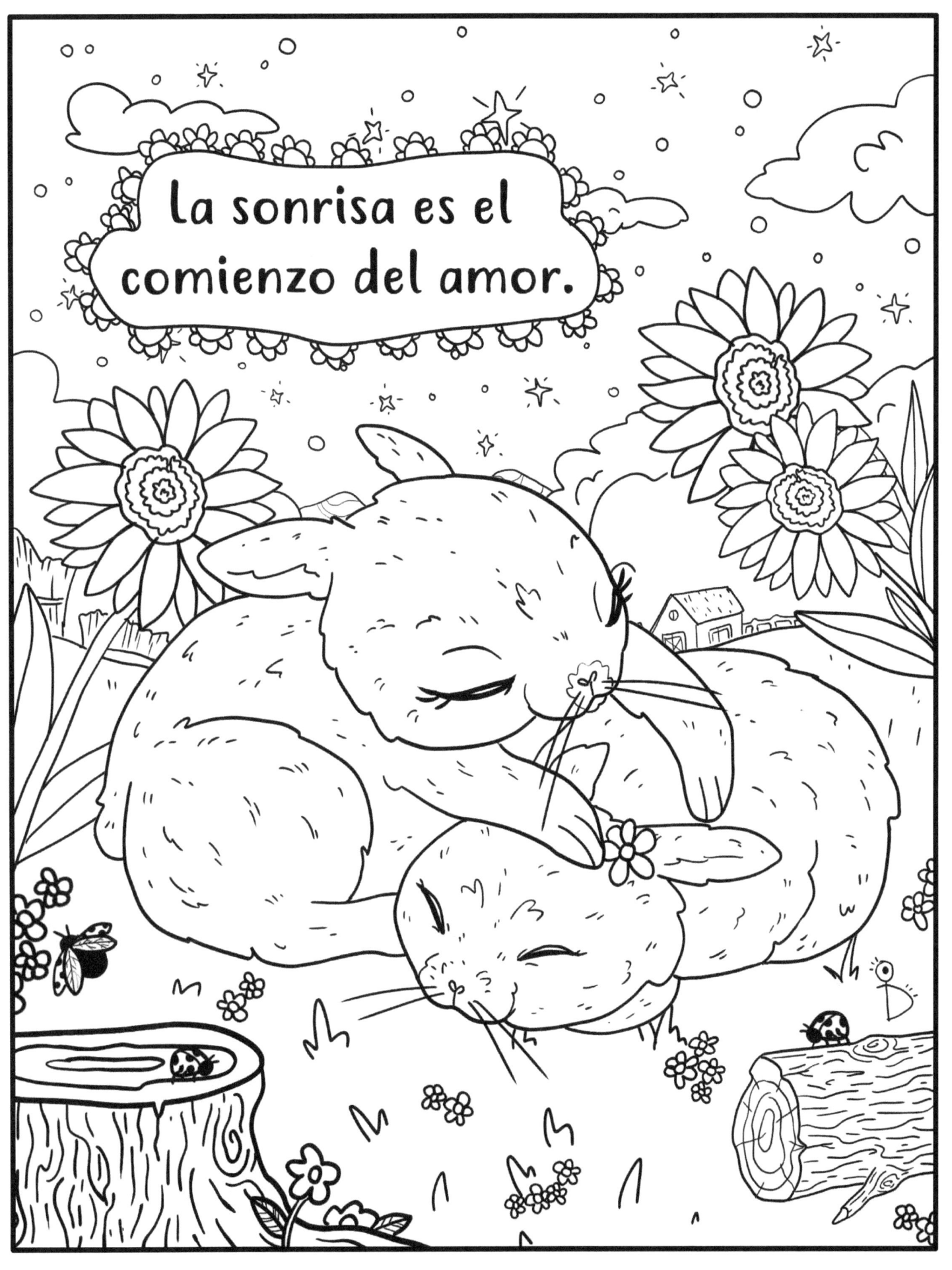

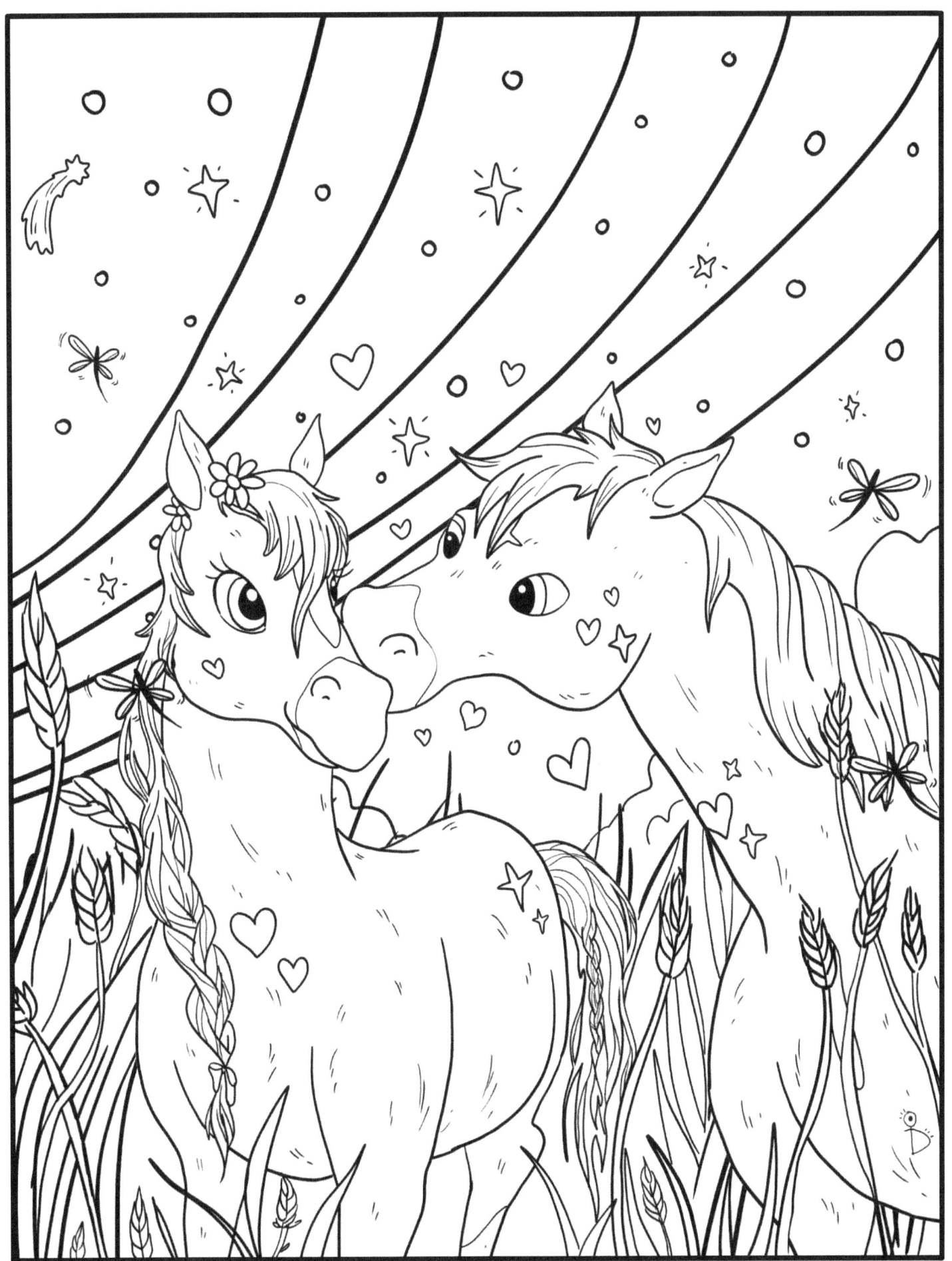

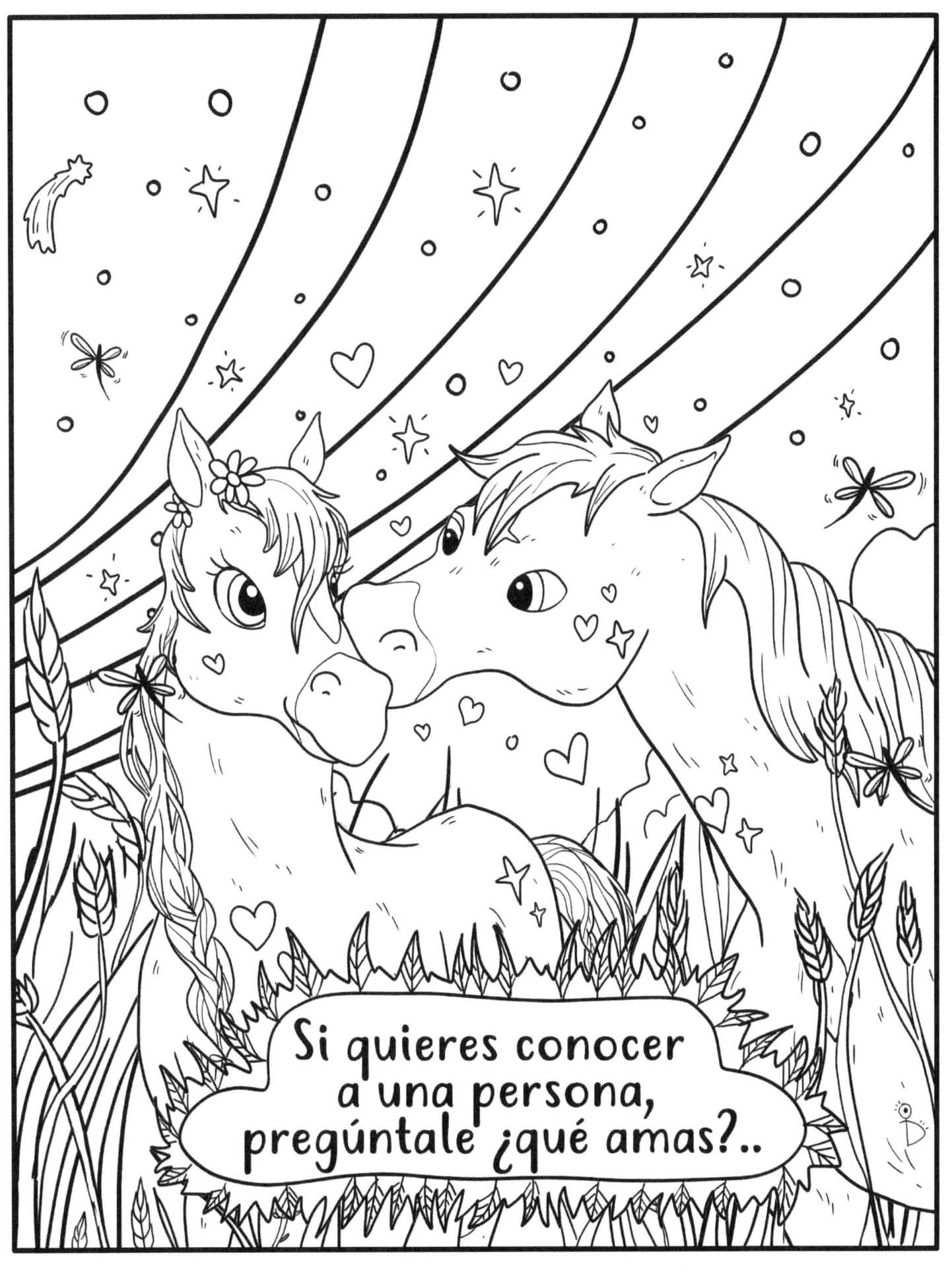

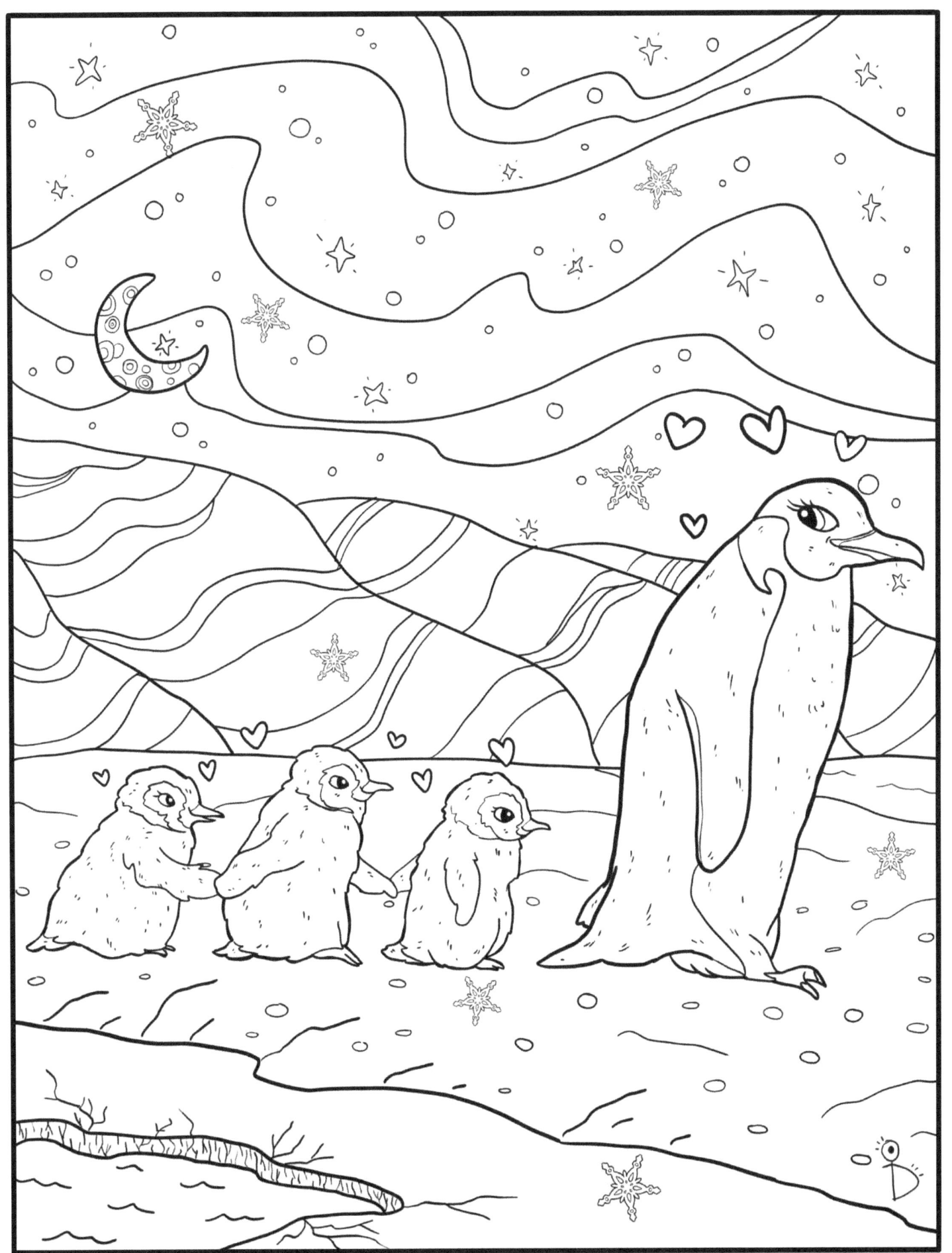

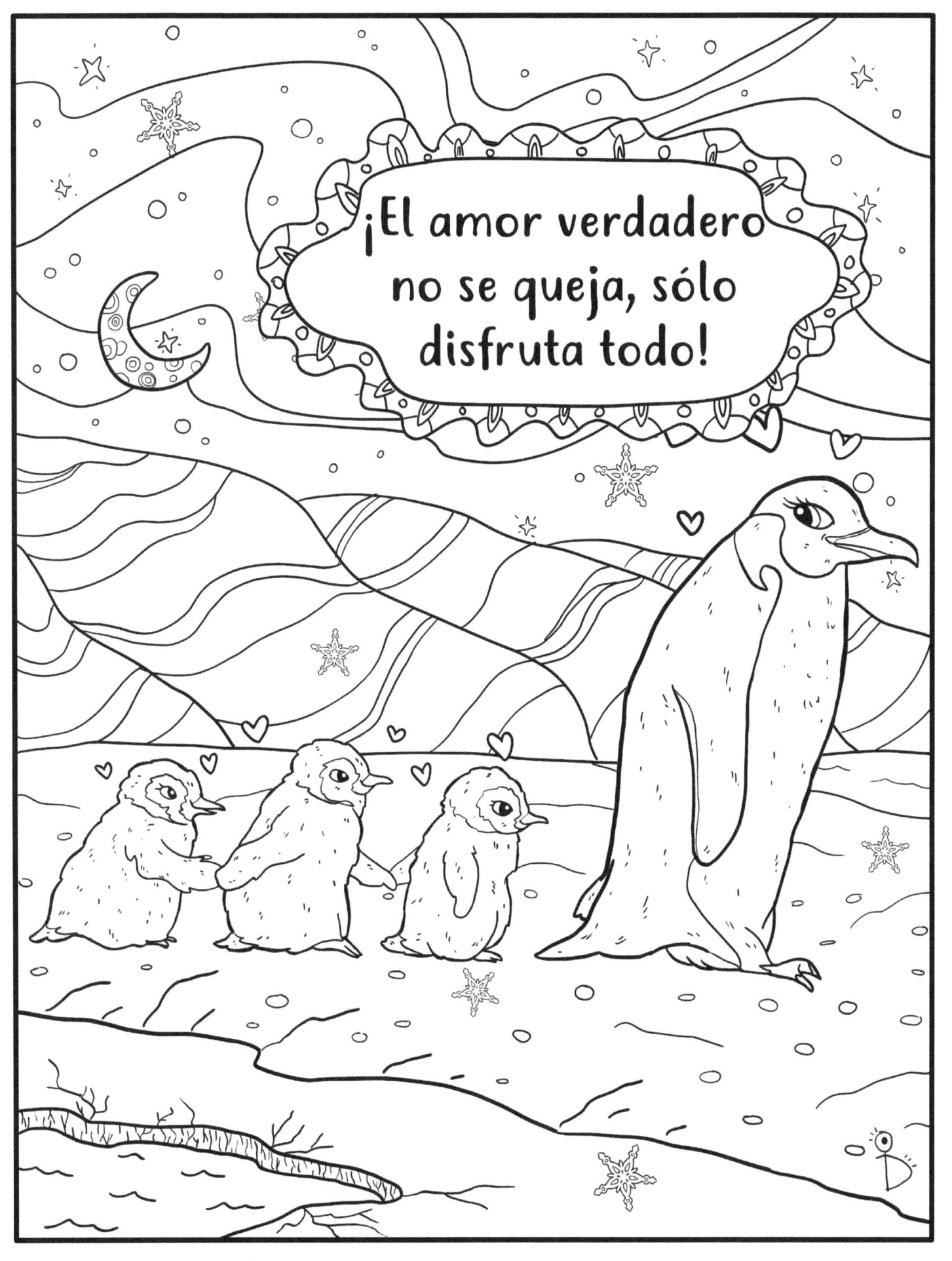

nossa que ja sera
destruída?

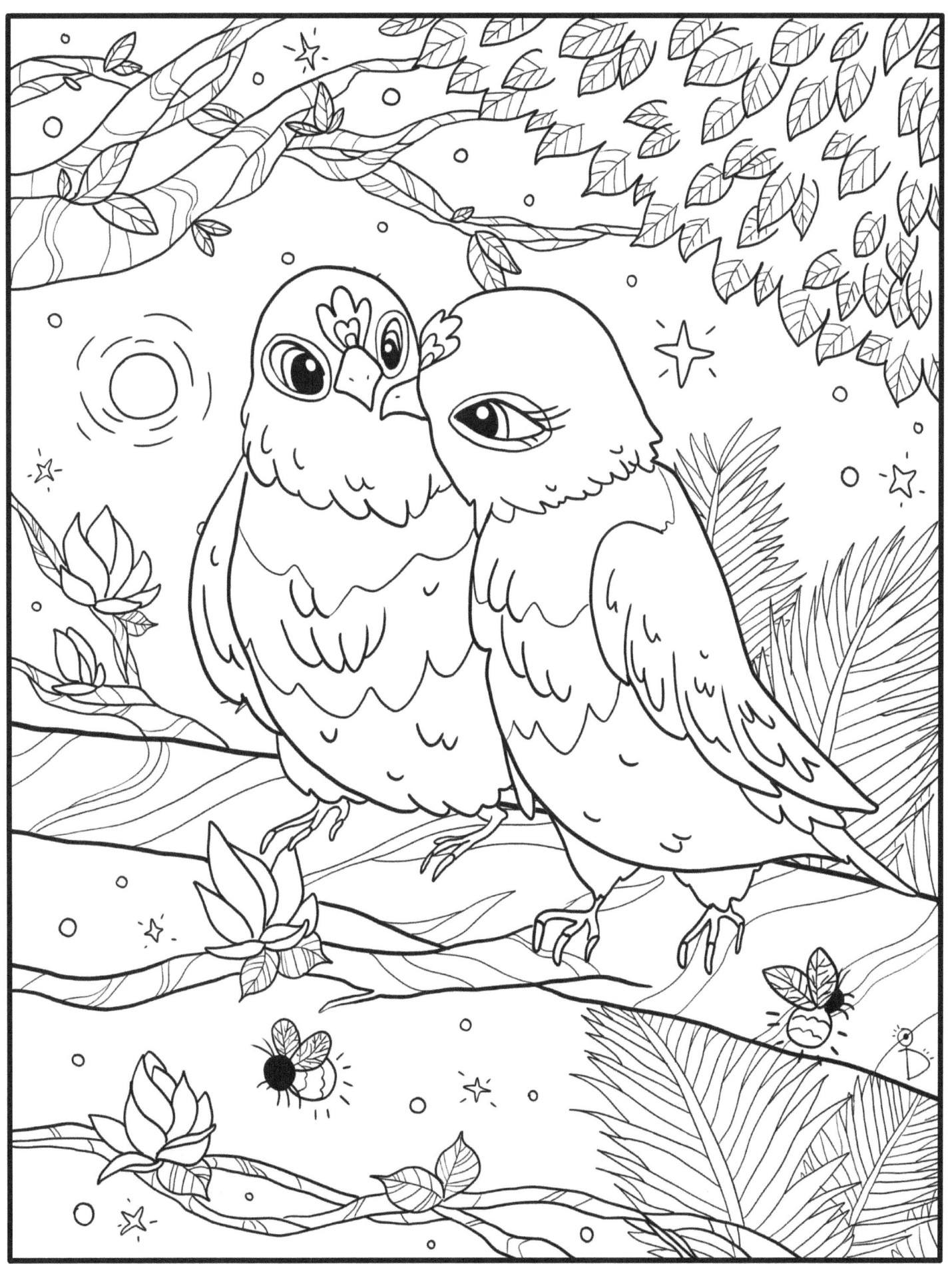

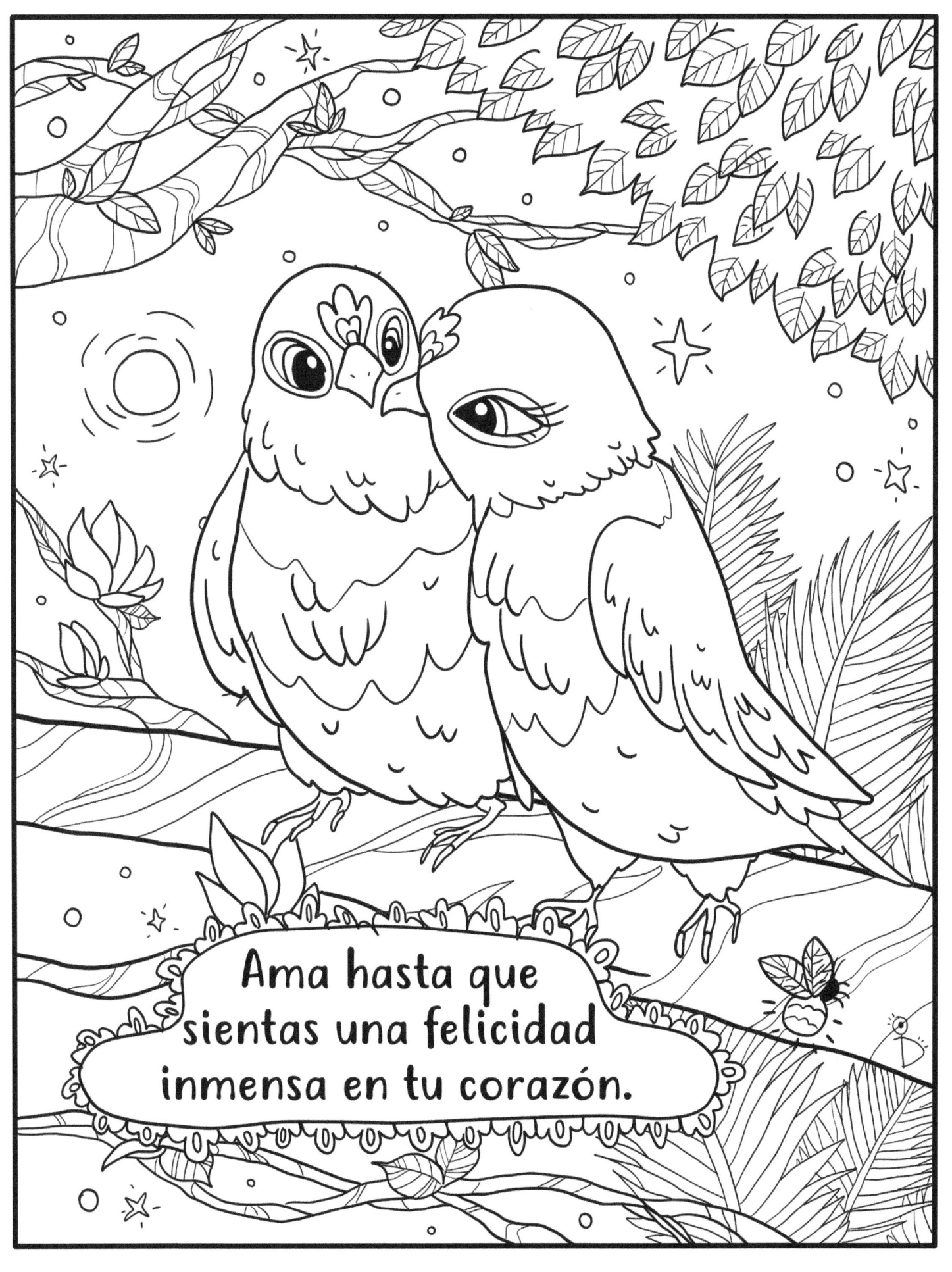

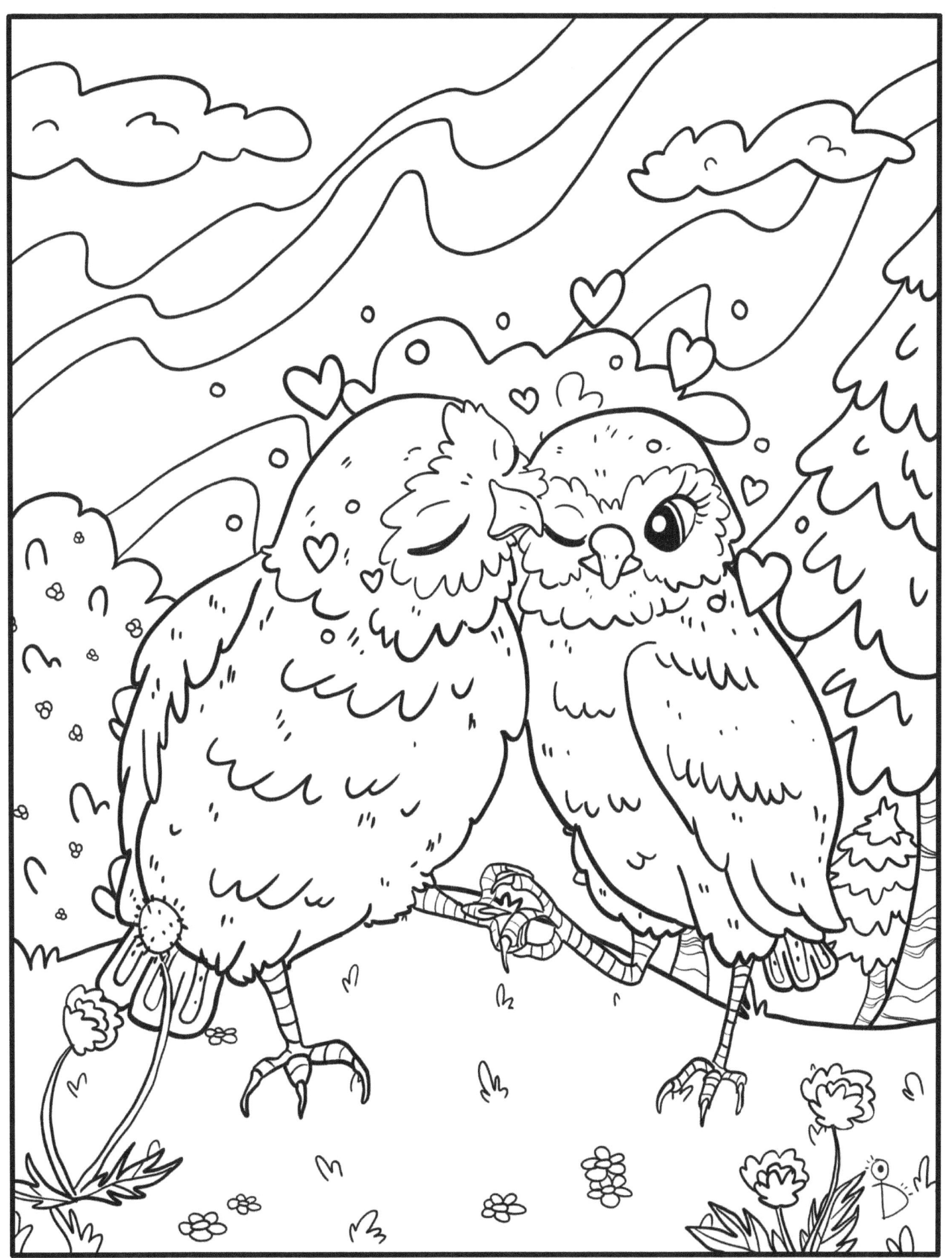

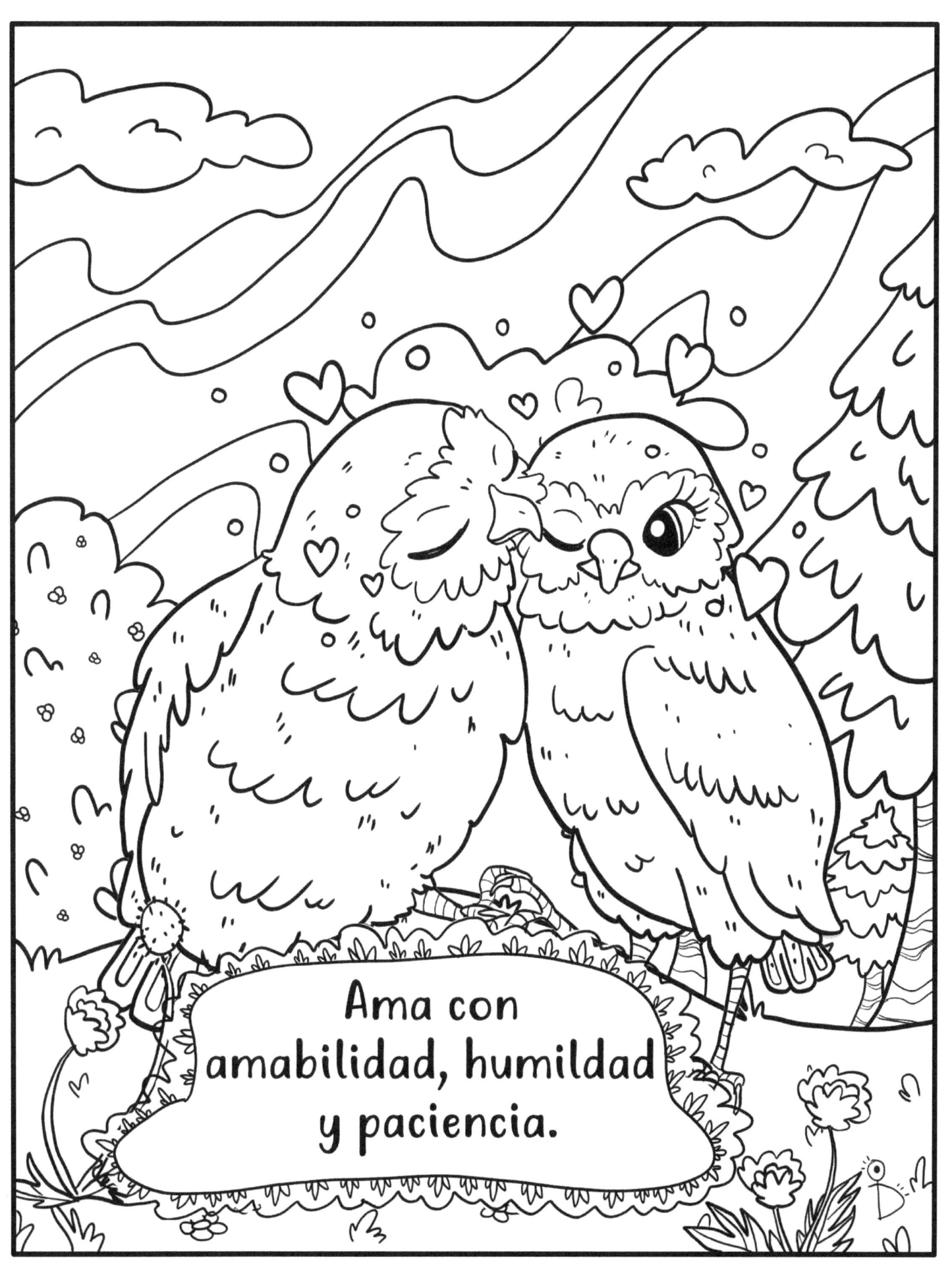

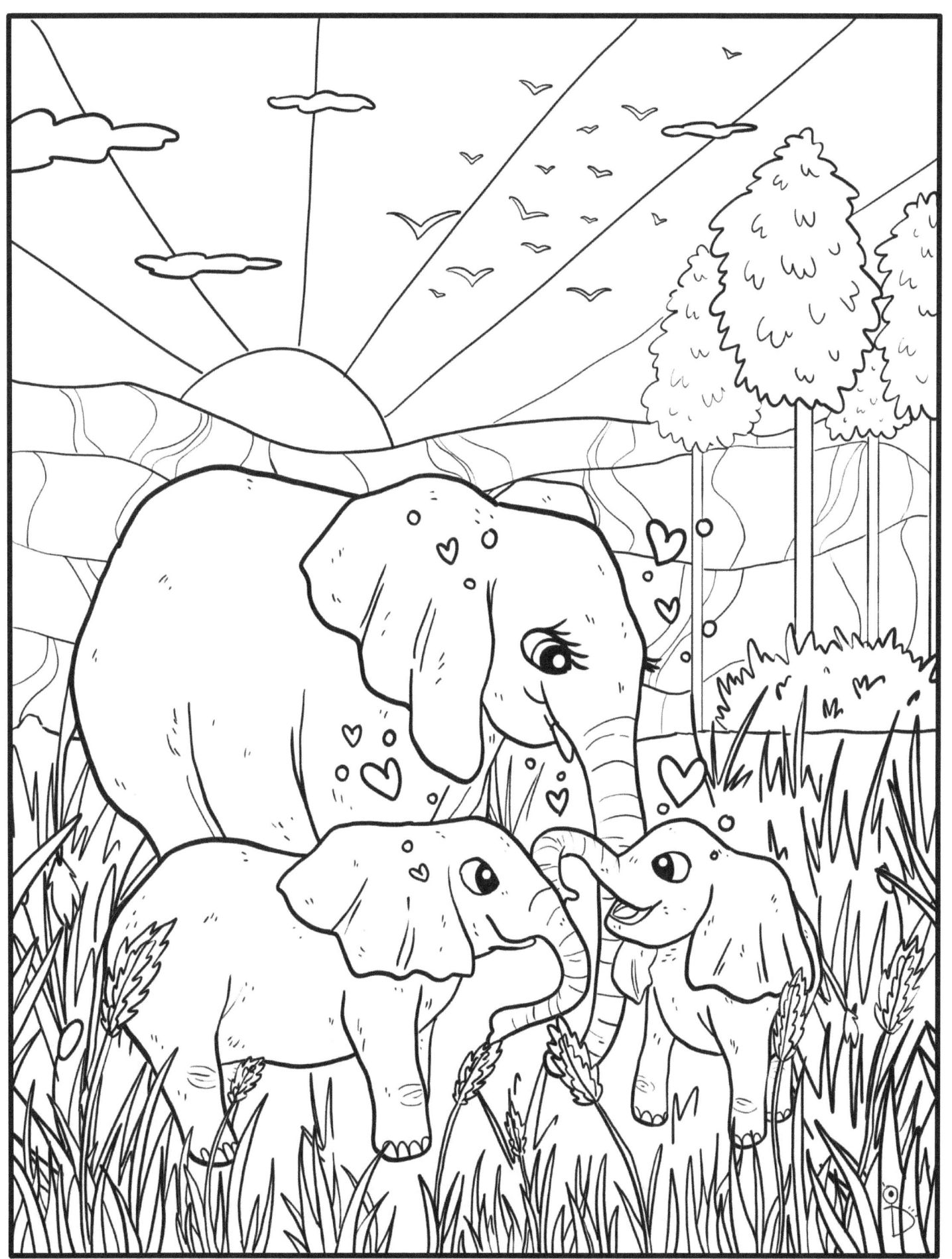

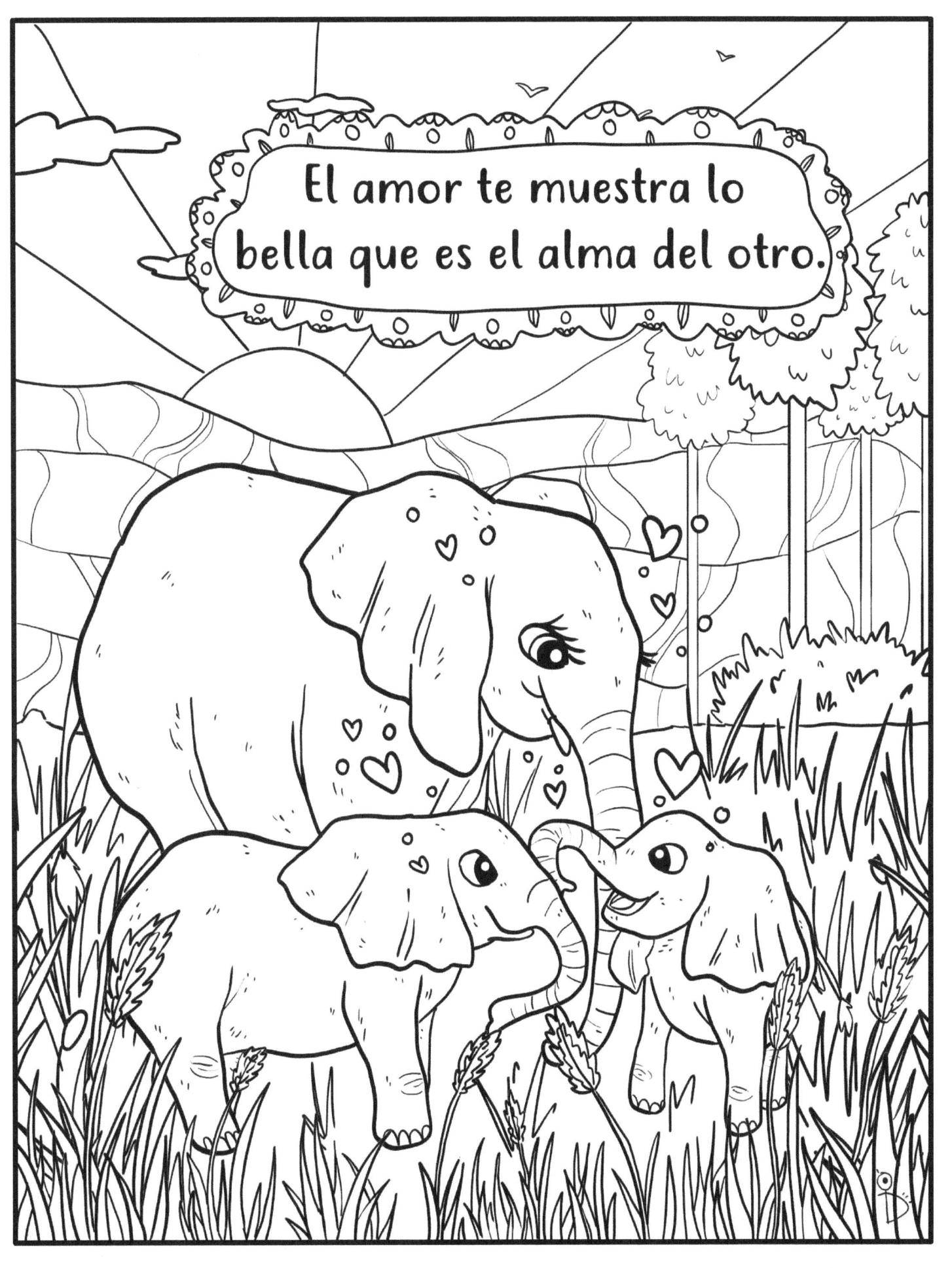

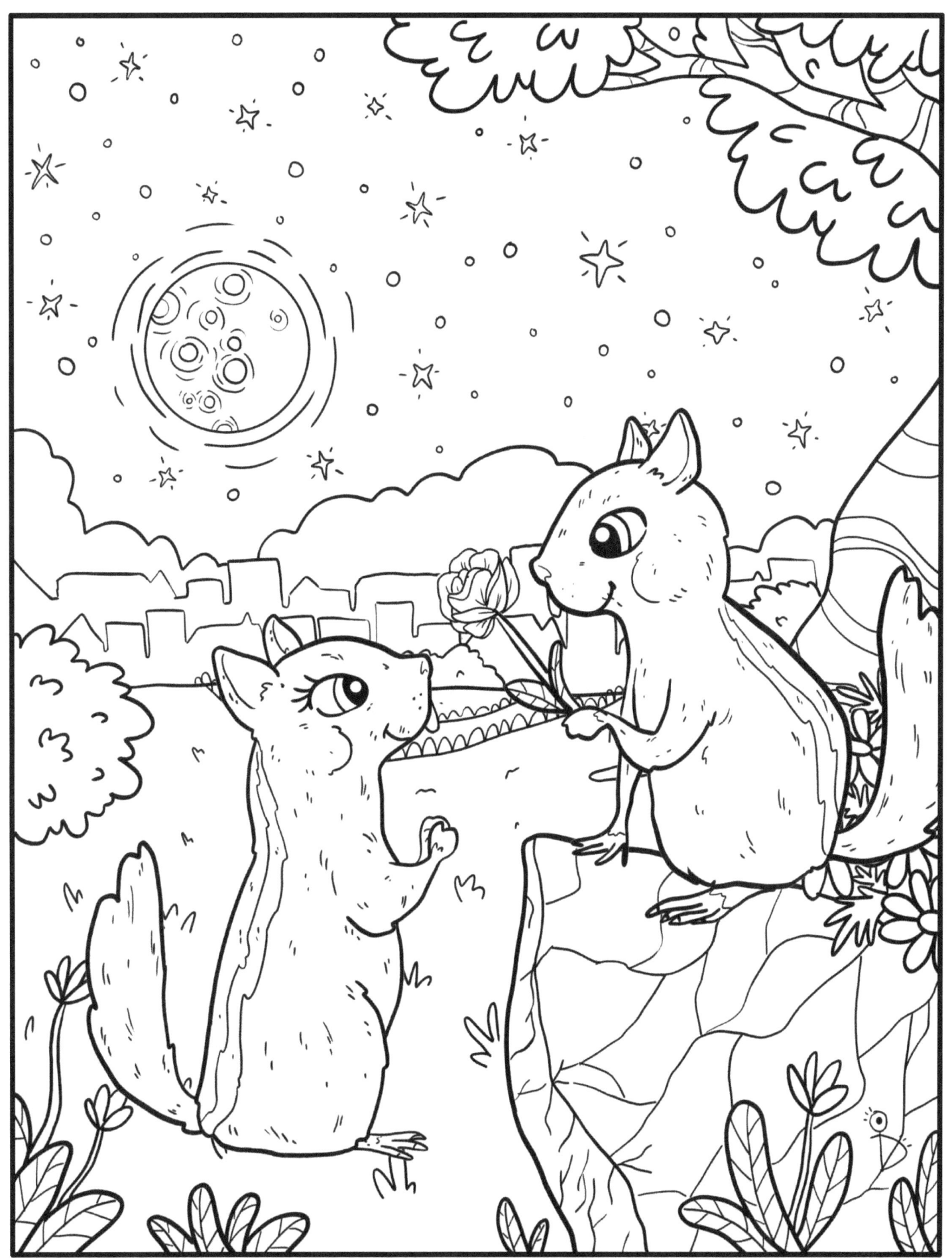

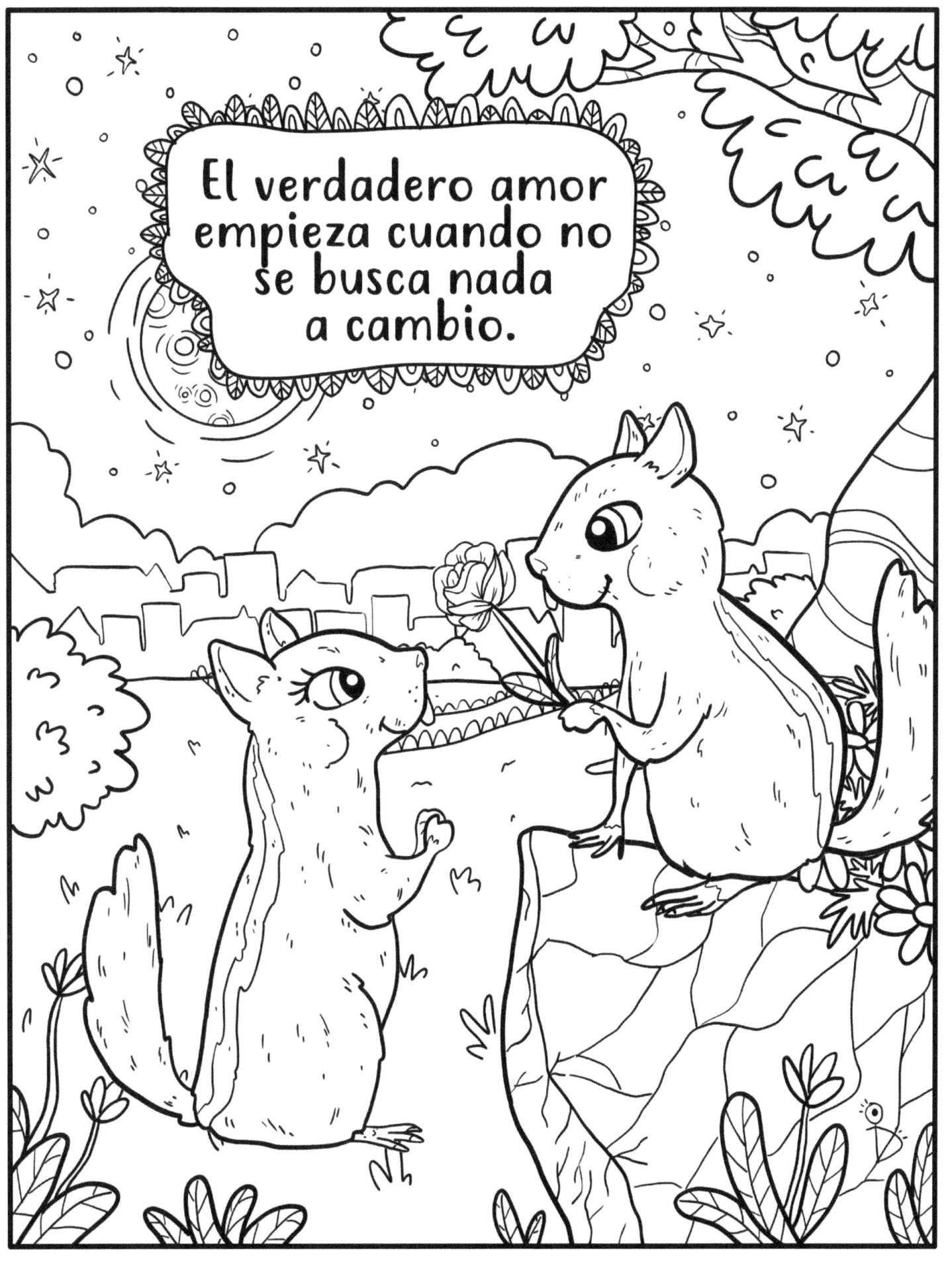

www.ingramcontent.com/pod-product-compliance
Lightning Source LLC
Chambersburg PA
CBHW080443220526
45465CB00007B/2744